Prologue

#ootd　#大人可愛い
#リンクコーデ　#フリクロ
#プチプラコーデ etcetc…
人の数だけファッションの形があって、
おしゃれの形がある時代です。
正解なんてありません。
でも、だからこそ「ここが好き！」
「かわいい！」という熱い気持ちに注目したい!!
そんな思いから「cawaiiコーデ絵日記」が
生まれました。

7人のクリエイターが"服愛"に
あふれる視点でまとめた
「cawaiiコーデ」。
明日から真似できる、真似したくなる。

そして誰かと出かけたくなる！
あなたの心を動かすコーデが、
きっと見つかるはずです。

Member

著者紹介

tanaka
たなか

イラストレーター。
妖精のようにキュートな女の子とパステルカラー。
かわいいの指数がふりきっている。
オルチャンファッションなど
連載ではヤング担当。

Instagram ／ tnk_gr
twitter ／ @gojio_

asana sakuma
あさなさくま

エッセイ漫画家。
かわいいだけじゃない、
女の子のミステリアスで神秘的な魅力を
引き出すイラストが魅力的！
トレンドキャッチ力は連載陣ナンバーワン！

Instagram ／ fashionaholic_girls
twitter ／ @sakuma_asana

tinda
珍田

「cawaii_gram」にてイラストレーターデビュー。
モダンと最新トレンドを融合させた、
きれいめコーデの名手。
ストーリーにUPしてる私服が
いつもかっこいい。

Instagram ／ tinda_fashion

文・cawaii_gram編集部員 林

たらちねジョン

漫画家。代表作『グッドナイト、アイラブユー』
(KADOKAWA) ほか。
男ウケ？ そんなの知るか!! なスタイルに
痺れる憧れる！
媚びのない美しさが、そこにある。

twitter ／ @new_john1

nodeko のでこ

イラストレーター。
町のお洒落さんがそのまま絵に
なったような超リアリティ。観察力の鬼。
イラストに添えられるテキストは
面白いだけじゃなくてわかりみがすごいぞ！

Instagram ／ nodeko_

pai

イラストレーター。
インスタ映えナンバーワン！
やさしい色彩、そしてアイディアと
乙女力が詰まったイラストが得意。
海外ドラマや映画のコラムも面白いぞ！

Instagram ／ pai02
twitter ／ @pai02

suwashi sayaka 諏訪さやか

イラストレーター。
連載ではおもに落ち着いた
お姉さんファッションを担当。
「こんな大人になりたい!!」という憧れが
詰まっている。いつも綺麗なネイルが素敵。

twitter ／ @ssdraw

Contents

はじめに		002-003
著者紹介		004-005
お出かけ		007-021
Illustrator Spotlight	たなか	022-029
Illustrator Spotlight	あさなさくま	030-037
着回しコーデ		038-044
パーティ編		045-059
Illustrator Spotlight	珍田	060-67
Illustrator Spotlight	たらちねジョン	068-075
Guest	たかし♂	076
Guest	kotteri	077
キラリ個性編		078-099
Illustrator Spotlight	のでこ	100-107
Illustrator Spotlight	pai	108-115
Illustrator Spotlight	諏訪さやか	116-123
おわりに		124
Special Thanks		126

Coordinate By Situation

シチュエーション別
コーデ

お出かけ編

#おでかけ編

PicNick

[ピクニック]

presented by
たなか

#おでかけ編

PicNick

[ピクニック]

#おでかけ編

PicNick

[ピクニック]

presented by
たかし♂

#おでかけ編

PicNick

[ピクニック]

presented by
たらちねジョン

#おでかけ編

PicNick
[ピクニック]

presented by
のでこ

#おでかけ編

PicNick
[ピクニック]

presented by pai

#おでかけ編

PicNick

[ピクニック]

presented by
諏訪さやか

#おでかけ編

Disney Coordinate

[ディズニーコーデ]

presented by
たなか

#おでかけ編

Disney Coordinate
[ディズニーコーデ]

presented by
あさなさくま

＃おでかけ編

Disney Coordinate

［ディズニーコーデ］

presented by
珍田

#おでかけ編

Disney Coordinate

［ディズニーコーデ］

presented by
たらちねジョン

♯おでかけ編

Disney Coordinate

[ディ ズ ニ ー コ ー デ]

YUME~
KUNI
CODE!

- COUPLE VER -
by nodeko

夢の国コーデ…！
お揃いの耳をつけて
丸一日デート☆な
スペシャルな日だから、
コーデもやっぱりペア感
を出したいところ♡

モノトーンでまとめて
🐻🐭を意識した
コーディネートに♡
彼は上下黒だけど
シャツのピンドットで
少し遊びを。
女の子はボリューミー
なフリルスリーブに、
サロペットスカートを
合わせて。モノトーン
コーデだとやっぱり
🐻🐭耳も映えますね☺

余談…！！！
彼の性格
2パターン！

①
サッ
しかたねーな
しぶしぶ
つけて
似合っちゃってる
のも…

②
どう!?
似合って
るー!!
ノリノリで
つけて
くれるのも…

どっちも
いいね…♡

ハァ
夢の国
デート…
したい…

presented by
のでこ

#おでかけ編

Disney Coordinate

[ディズニーコーデ]

presented by
pai

#おでかけ編

Disney Coordinate
[ディズニーコーデ]

presented by
諏訪さやか

#Illustrator

Spotlight

presented by
たなか

#Illustrator

Spotlight

presented by
たなか

#Illustrator Spotlight

my favorite instagrammer

[推しのインスタグラマー]

presented by たなか

presented by
たなか

Spotlight

presented by
あさなさくま

#Illustrator

Spotlight

presented by
あさなさくま

#Illustrator Spotlight

my favorite instagrammer
[推しのインスタグラマー]

presentedby
あさなさくま

presented by
あさなさくま

Love Vintage
by sakuma asana

Blouses

やっぱりあま〜いブラウスが好き！ レースやフリルたっぷりのブラウスを主役にした、レトロなスタイリングにときめきます♥

チュールで透け感がある
デザインもかわいい◯

ボタンがクマさん！
子どもに帰れる一着♥

タイトよりもボリューム
シルエットが好き！

volume silhouette   *baloon sleeve*   *mad about lace!*

肩フリルのブラウスは
スキニーデニムで
メルハリあるスタイリングが好み！
小物はピリッと辛めで♥

白のバルーンスリーブは
シンプルにストレートデニムで。
ほぐし多めのヘアアレンジが
古着っぽさにぴったり！

一番好きなのは総レースコーデ♥
フェイクファーコートと
ヘアバンドでレトロ感UP！
1920年代風がお手本。

#おでかけ編

Wearing Coordinate

[着回しコーデ]

presented by
たなか

#おでかけ編

Wearing Coordinate
[着回しコーデ]

presented by
あさなさくま

#おでかけ編

Wearing Coordinate

[着回しコーデ]

presented by
珍田

#おでかけ編

Wearing Coordinate

[着回しコーデ]

presented by
たらちねジョン

#おでかけ編

Wearing Coordinate
[着回しコーデ]

presented by
のでこ

#おでかけ編

Wearing Coordinate

[着回しコーデ]

presented by
pai

#おでかけ編

Wearing Coordinate

[着回しコーデ]

presented by
諏訪さやか

Coordinate By Situation

シチュエーション別
コーデ

パーティ編

♯パーティ編

Girls' party at night
[夜の女子会]

presented by
たなか

#パーティ編

Girls' party at night
[夜の女子会]

presented by
あさなさくま

#パーティ編

Girls' party at night

[夜の女子会]

presented by
珍田

#パーティ編

Girls' party at night

［夜の女子会］

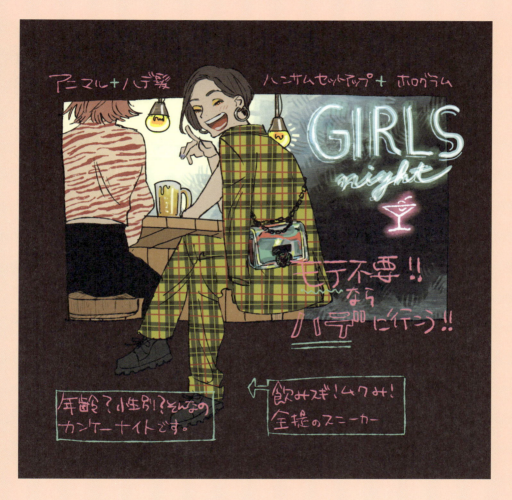

presented by
たらちねジョン

#パーティ編

Girls' party at night
[夜の女子会]

#パーティ編

Girls' party at night
[夜の女子会]

presented by
pai

#パーティ編

Girls' party at night

[夜の女子会]

presented by
諏訪さやか

＃パーティ編

Halloween

[ハロウィン]

presented by
たなか

#パーティ編
Halloween
[ハロウィン]

presented by
あさなさくま

#パーティ編
Halloween
[ハロウィン]

Halloween code!
可愛い女の子たちによるドラキュラ伯爵仮装――ッ♡‼
男の子がやりそうな仮装を女の子がやるのってすごく可愛い…♡
かっこよさの中に可愛さと少しの不気味さが見えるハロウィンコーデです♡

1.ドラキュラなだけに口元は血を飲んだようにしてみたり……ヘアーもシンプルにオールバック!アイメイクは不健康さと不気味さを表現したくて濃いめに♡

2.マントを意識してケープやロングチェスターコートを羽織っても可愛いしかっこいい!

presented by
珍田

#パーティ編

Halloween

[ハロウィン]

presented by
たらちねジョン

#パーティ編

Halloween

［ハロウィン］

presented by
のでこ

#パーティ編
Halloween
[ハロウィン]

presented by
pai

#パーティ編
Halloween
［ハロウィン］

presented by
諏訪さやか

#Illustrator Spotlight

BLACK ONEPIECE

コーデがシンプルになりすぎないように大きめのバッグをポイントにチョイス♡ キャップは浅く被る方が好きだったり…。顔がハッキリ見えるし抜け感もでます！

1. 王道なデザインのバッグよりも少し変わったインパクト強めのデザインを選ぶのもあり……♡

2. 足元はボリューム感重視！大きめのデザイン！厚底！足を大きく見せて脚を細くみせるコーデ…大好きです！

my favorite instagrammer

[推しのインスタグラマー]

presented by 珍田

featuring 福世優里

#Illustrator

oh right Let´s go Kyoto.
そうだ、京都へ行こう。

秋の京都らしく落ち着きつつも華やかで
色のあるコーデを意識してみたり…。
京都の風景に触発むような
袖フレアと足袋ブーツが可愛い…!
着物や浴衣だけではなく、和をテーマに
したコーデを考えてみるのも楽しいですね

1.パーセントのデザインがシンプルで可愛い
京都の美味しいコーヒー屋さん♡
% ARABICA Kyoto（アラビカ京都）
ゴールドのリングに秋らしく落ち着いた
テラコッタ色のネイルで手元しか写らない
写真にもオシャレさをプラス！
2.京都のお土産といえばよーじやの
あぶらとり紙！お土産で頂いても嬉しい♡
インクに見えるデザインボトル…実は抹茶
共和国で販売してる飲み物なのです！
オシャレすぎる……！

Spotlight

Lunch&Shopping!
友達とランチからのお買い物！
着飾りすぎない、でもカジュアルにも
なりすぎないようなボーダーコーデ♡
バッグは財布とリップしか入らないけど
可愛いからOK！
スニーカーも今日だけはやめて
ヒールを履いちゃおう♪

1.線の太さやデザインでコーデの印象が
変わるボーダートップス。
デニムのミニスカで合わせても可愛い♡

2.秋冬はレオパード柄の季節!!
柄×柄のコーデにも挑戦してみたり…♡
レオパード柄を服に取り入れるのが苦手
な人は小物からスタートするのもあり！

presented by

珍田

#Illustrator

CASUAL CODE!

たまにはゆるいコーデもいいよねって。
ゆるめのストライプのシャツに
カジュアルに羽織れるロングブルゾン。
着飾らない日、でも変わらずオシャレな日

1.ストライプとカーキ、好きな色と柄の
組み合わせです。秋冬はいっぱい
カーキを着たくなりますね──……♡

2.靴下は意外と赤色でも可愛い！
ポイントカラーとして赤をいれるって
すごくオシャレ！

Spotlight

BLACK&BROWN
大人の秋冬ミニスカコーデ
甘くなりすぎないように黒と茶色で
全体のバランスを整えるとgood
冬でもミニスカを履きたい！

1『大人らしさ』は小物でみせる。
女性らしさの中に可愛さがみえる
アイテムの一つだなって思います♡

2 モノトーンコーデでも可愛い！
ダルメシアン柄のミニスカやニットの
中にレーストップスを合わせて
可愛いらしさを全面に出す♡！

presented by
珍田

Beauty

その日の気分やコーデに合わせたメイクを考えるのが好き！
コスメカウンターに行ってBAさんの話を聞くのも大好き！
メイクもファッションの一つと考えてるので色のバリエーションが多いほどコーデの幅も広がりますね…♡

Accessory

絶対にコーデに欠かせない小物……！
小物一つでコーデの印象が変わったり、ポイントとして活かせたり、トータルバランスがとれたりするので小物を使ったコーデが大好きです。

Pllustrator

Spotlight

presented by
たらちねジョン

#Illustrator Spotlight

070

my favorite instagrammer

[推しのインスタグラマー]

presented by
たらちねジョン

featuring haru.

#Illustrator

Spotlight

presented by
たらちねジョン

トラベルスケッチ

TARACHINE John

親子でトガってファミリーモンスター

旅もインスタ映え意識したいよね!

Guest 01

presented by
たかし♂

Guest 02

presented by
kotteri

Coordinate
By
Situation

シチュエーション別
コーデ

キラリ個性編

#キラリ個性編

Vivid color
[ビビットカラー]

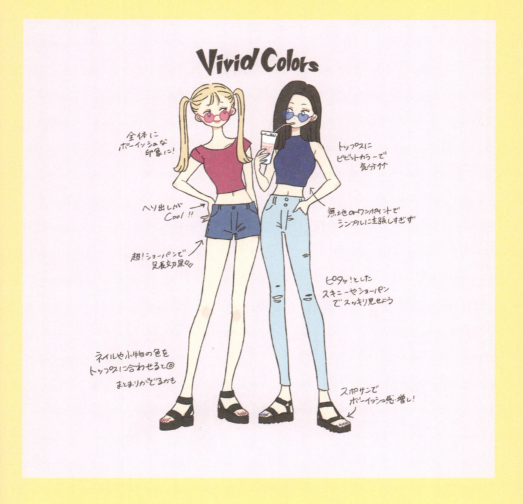

presented by
たなか

＃キラリ個性編

Vivid color

[ビビットカラー]

presented by
あさなさくま

#キラリ個性編

Vivid color

［ビビットカラー］

presented by
kotteri

#キラリ個性編

Vivid color

[ビビットカラー]

presented by

たらちねジョン

#キラリ個性編

Vivid color

[ビビットカラー]

presented by
のでこ

#キラリ個性編

Vivid color

[ビビットカラー]

presented by
pai

#キラリ個性編

Vivid color
[ビビットカラー]

presented by
諏訪さやか

#キラリ個性編

Rainy day

[雨の日]

presented by
たなか

#キラリ個性編
Rainy day
[雨の日]

presented by
あさなさくま

#キラリ個性編

Rainy day

[雨の日]

presented by 珍田

#キラリ個性編

Rainy day

［雨の日］

presented by
たらちねジョン

#キラリ個性編

Rainy day

[雨の日]

presented by
のでこ

#キラリ個性編

Rainy day

[雨の日]

presented by
pai

#キラリ個性編

Rainy day

[雨の日]

presented by
諏訪さやか

#キラリ個性編

Bounding

[Frozen]

presented by
たなか

#キラリ個性編
Bounding
[Snow White]

presented by
あさなさくま

#キラリ個性編

Bounding

[Aladdin]

presented by
珍田

#キラリ個性編

Bounding

[Pocahontas and Mulan]

presented by
たらちねジョン

Bounding

#キラリ個性編

[Princess Mermaid]

presented by
のでこ

#キラリ個性編

Bounding

[Rapunzel]

presented by
pai

#キラリ個性編

Bounding

[Beauty and the Beast]

presented by
諏訪さやか

#Illustrator

WIDE PANTS STYLE
by nodeko

はじめまして！のでこです！1回目のコーディネートはワイドパンツコーデ✨足が短い…太い…O脚P…そんな悩みをまるっとカバーしてごまかしてくれるワイドパンツ…大好きです♡!!ワイドなシルエットをいかすためにも、トップスはシンプル&コンパクトにまとめて。とにかく上半身はきゅっと華奢に、ウエスト位置は高くが丸見え!!トップスがシンプルなぶん、スカーフやピアスなどで顔まわりを華やかに見せてあげるとよいかも♡

ONE POINT! /hair/
ひとつ結びにスカーフをさらっと巻いて♡

4分袖？っていうのかな…これぐらいの長さの袖が今の気分😊

二の腕をカバーしたいならボリューム袖もアリ☆

Items!

厚底サンダルで更にスタイルUP♪

Spotlight

GINGHAM STYLE
by nodeko

春先〜夏にかけて取り入れたくなるのが **ギンガムチェック** ♡
今年は特に大きめブロックチェックのアイテムもよく見かけます！

ガーリーな柄なので、甘々になりすぎないよう大人っぽい **ラップスカート** で取り入れたい！

トップスは **シンプルな白T** で。出番の多い基本アイテムなので自分の体型に合ったものを2〜3枚は持っておきたいですね ⭐

Items!

ギンガムアイテムいろいろ…

ノースリーブなら細かめチェックが◎

ビスチェもトレンドでかわいい〜!!

POINT!

フレアーやひざ丈プリーツはガーリーすぎるので注意!!

---

presented by
のでこ

#Illustrator Spotlight

my favorite instagrammer

[推しのインスタグラマー]

presented by
のでこ

featuring 穴吹ファミリー

Spotlight

presented by

のでこ

#Illustrator

Spotlight

presented by
pai

#Illustrator Spotlight

my favorite instagrammer

[推しのインスタグラマー]

presented by
pai

featuring 菅本裕子（ゆうこす）

Spotlight

presented by
pai

Spotlight

enjoy loungewear.

暑くて寝苦しい夏の夜には着心地のよいルームウエアを!

さらさらの綿素材やわらかいガーゼにパイル地、シルクやレーヨン地もひんやりしてきもちよく過ごせます。

presented by
諏訪さやか

#Illustrator

Simple Shirts

シンプルなシャツは
季節を問わず使いやすくて
気に入っています。
最近はシワになりにくい
生地のものも多くて
扱いやすくて助かる！

パンツと合わせて
ハンサムなコーデの日は、
アイシャドウは省略して
アイラインとマスカラ、
リップだけの
シンプルなメイクが
おすすめです。

Illustrator

Spotlight

presented by
諏訪さやか

気分にあわせてメイクも選ぼう
how to make up in each mood

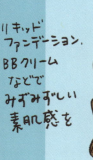

リキッドファンデーション、BBクリームなどでみずみずしい素肌感を

おでこ、鼻などのテカリに見える部分のみパウダーでおさえます。

ツヤ肌

・Tシャツやニット、マット素材の服に！

下地でしっかり保湿が大切！

パウダーファンデーションまたはリキッドの上にフォギーなパウダーで静かな肌をつくります。

マット肌

・フォーマル、サテンなどドレス地に。モードなカジュアルにも◎

思いきりインパクトの強い色のリップを目立たせるなら

目元はくっきりアイライナーとロングラッシュマスカラですっきり見せます。

リップを強調

・唇は"面"、目元は"線"というイメージで！

まつげは上下ともしっかりマスカラ。つけまつげやまつエクで時短も。

眉はアーチ型グラデーションシャドウとはねあげアイラインでパンチを効かせます。

目元を強調

・青や紫系のアイメイクにはオレンジ寄りのリップがおすすめ

HOW TO MAKE UP IN EACH MOOD

マスカラの色、リップの色、眉やアイラインの描き方を
ちょっと変えただけでも、顔の印象はガラッと変化します。
さあ、今日はどんな顔を作ろう？

ニキビのあとや
目の下のくま等
隠したい所が
あったらそこだけ
BBクリームとかで
ちょっとカバー
なければ素の肌でも

うすい眉は
ペンシルで
ちょっと足して
繊細なし
マスカラ
ビューラーしない
色つきリップでも
血色は出せる。

ミニマル

- 目立ちたくない日、疲れてる日、とにかくシンプルにしたい日に

まずは
しっかり
くっきり
眉を
描き
ます
眉頭は
ぼかしてね

いちばん
気に入っている
アイシャドウ、
黒いマスカラに
ボルドーマスカラ
重ねづけ！
リップにツヤを
出すなら
肌はマットに

盛り盛り

- 持ってる力は全部使いたい！めちゃくちゃパワフルになりたい日に

いつ使うの…？って
ビビッドな色の
マスカラ、ペンシル、
リップスティック
使いたい時に
使っちゃおう

単色だと
心配なら
おちついた色の
アイテムと
重ねるのも
あります

カラフル

- モノトーンコーデを引き立てたりメイクと服の色をリンクさせたり

髪の色、
肌の色
から
はみ出さ
ないのが
ルール

眉もリップも
ヌーディーに
して、
目のまわり
だけ
ちょっと暗く
囲んでも
いいですね

カラーレス

- 血色を消して"この世の人間じゃない"感を。

Afterword

{たなか}

初めてこういった企画に参加させていただき、
とても良い経験になりました。
元々ファッションに興味があり、
テーマに沿ってコーデを考えるのは楽しかったです。
そしてご購入いただいた皆さま、誠にありがとうございます。
私のコーデイラストが少しでも参考になっていたら嬉しいです!

{あさなさくま}

漫画を描く中で、「登場する女の子にどんな服を着せるか?」を
考えるのが密かな楽しみでした。
そこに着目していただき、今回このコーデ絵日記のお話をいただけたことを
本当に幸運に思っています。
たくさんのいいね、ありがとうございました♡
これからも男女の枠を超えて、「かわいい!」を共有していけたらうれしいです!

{珍田}

刊行おめでとうございます。
素敵な方々と一緒に参加出来たことが本当に嬉しくてとても楽しかったです!
大好きなファッションを考えて描くのってすごく楽しい!
自分が描いたコーデが少しでも参考になれば嬉しいです。
ありがとうございました!

{たらちねジョン}

カワイイものやことは、自分が思っているよりたくさんあるんだと
毎日毎日気付かされるお仕事でした。
そして、そのインスタ企画が書籍化という事で、より幅広い読者の方へ
「cawaii」が届けば良いなと思っております。
書籍化おめでとうございます。
参加させていただきありがとうございました!

{のでこ}

連載していた3ヶ月間、
自分のイラストを描く楽しさはもちろん、ほかの作家さんの素敵なイラストを
日々見ることができたのがとても楽しかったです♡
いつかイラストで本を出したいという夢も叶ってしまいました……!
instagramで応援してくださった皆さま、書籍を手にとってくださった皆さま、
ありがとうございます。

{pai}

連載のお誘いを頂いてから毎日どんなコラムを描こうか
わくわくしながらトレンドのリサーチや試行錯誤をしていました。
そのわくわくが読者の皆さんにも伝わればいいなと思います。
大変でしたが本当に楽しい連載を持たせていただいてありがとうございました!
これからももっともっとcawaiiをお届け出来ますように。

{諏訪さやか}

毎回、テーマに沿って「自分なら何を着る?」
「自分以外の誰かなら何を着る?」
「他の作家さんはどんな風に描くかな?」と
想像を巡らせながら頭の中のイメージを描き出す作業がとっても楽しい。
この楽しさが少しでも伝わっていれば幸いです。

Special Thanks

たかし♂
twitter@Takasi00

kotteri
twitter@_K0TTERI_

紺野慎一
フォントディレクション

panpon
Instagram：peterpanda_honey_

福世優里
Instagram:yuuri_fukuse

Haru.
Instagram:hahaharu777

穴吹愛美
Instagram:mmhmm5638

菅本裕子（ゆうこす）
Instagram:yukos0520

初出
Instagramアカウント『cawaii_gram』で2018年7月〜2018年10月に
掲載された同名のコラムに加筆修正・再編集を行い書籍化したものです。

cawaiiコーデ絵日記
from cawaii_gram

2018年11月26日　第1刷発行

定価はカバーに表示してあります

著者
cawaii_gram編集部　©cawaii_gram 2018 Printed in Japan

発行者
藤崎隆・太田克史

発行所
株式会社星海社
〒112-0013 東京都文京区音羽1-17-14 音羽YKビル4F
TEL 03(6902)1730　FAX 03(6902)1731
https://www.seikaisha.co.jp/

発売元
株式会社講談社
〒112-8001 東京都文京区音羽2-12-21
販売 03(5395)5817　業務 03(5395)3615

デザイン
円と球

編集担当
林佑実子

印刷所
凸版印刷株式会社

製本所
株式会社フォーネット社

落丁本・乱丁本は購入書店名を明記の上、講談社業務あてにお送りください。送料負担にてお取り替え致します。
なお、この本についてのお問い合わせは、星海社あてにお願い致します。
本書のコピー、スキャン、デジタル化等の無断複製は著作権法上での例外を除き禁じられています。
本書を代行業者等の第三者に依頼してスキャンやデジタル化することはたとえ個人や家庭内の利用でも著作権法違反です。

ISBN978-4-06-514198-4　N.D.C.726 126P 21cm　Printed in Japan

☆ 星海社